A ÉTICA E
A DEONTOLOGIA
NA AUDITORIA EMPRESARIAL

A ÉTICA E
A DEONTOLOGIA
NA AUDITORIA EMPRESARIAL

Manoel Valencio
Fracisco Ngueve

Número de Control de la Biblioteca del Congreso de EE. UU.:   2013922753
ISBN: Tapa Dura   978-1-4633-7520-1
                         Tapa Blanda   978-1-4633-7522-5
                         Libro Electrónico   978-1-4633-7521-8

Para realizar pedidos de este libro, contacte con:
Palibrio LLC
1663 Liberty Drive
Suite 200
Bloomington, IN 47403
Gratis desde EE. UU. al 877.407.5847
Gratis desde México al 01.800.288.2243
Gratis desde España al 900.866.949
Desde otro país al +1.812.671.9757
Fax: 01.812.355.1576
ventas@palibrio.com
522492

ÍNDICE

ALGUMAS PALAVRAS

O presente livro é o resultado de uma parceria entre orientador e orientando, mas confesso que tive forte incentivo do Decano da Faculdade de Economia da Universidade Agostinho Neto o Prof. Dr. Fausto Tavares de Carvalho Simões numa daquelas reuniões acadêmicas. A minha aposta concretizou – se com essa obra na qual dedico para todos os meus alunos do Curso de Contabilidade e Auditória da Cadeira de Direito Económico. Ao meu parceiro na obra o jovem licenciado Francisco Ngueve que aceitou o desafio em escrever conjuntamente comigo na qual tenho plena certeza no seu futuro brilhante na sua especialidade.
Obrigado
Prof. Doutor Valêncio Manoel
Dr. Francisco Ngueve

Luanda, 10 de Dezembro de 2013

LISTA DE SIGLAS

AICPA – American Institute of Certified Public Accountants.
SOA – Lei Sarbanes – Oxley.
PCAOB – Public Company Accouting Oversight Board.

INTRODUÇÃO

O presente livro tem como escopo investigar a Ética e a Deontologia na Auditoria Empresarial. Na atualidade, as questões em torno da ética, da moral e da civilidade estão em todos os setores da sociedade global, marcadas pela velocidade das informações no mercado. Por isso, as intervenções nas empresas devem ser marcadas pela transparência e eficiência, a fim de proteger, salvaguardar e dimensionar o património das empresas. Neste âmbito, a finalidade das auditorias é fornecer aos administradores, em todos os níveis, informações que os auxiliem a controlar as operações e atividades pelas quais são responsáveis.

A ética e a deontologia nos trabalhos de auditoria é uma questão polémica, questionada a todo momento pela sociedade. Afinal, estamos entrando num campo dos costumes e formas de comportamentos do homem pós-moderno.

Entende-se por ética[1] a parte da filosofia que trata da moral. Ética e Moral são também consideradas os ramos do conhecimento estruturado na sociedade, nas tradições costumeiras.

Neste contexto em que a sociedade angolana passa por mudanças estruturais do ponto de vista político, económico e social, estudar e resgatar a postura ética e deontológica do homem significa qualificar-se na nova economia de mercado onde as empresas têm suas regras de atuação para ampliar seus negócios. No mundo globalizado torna-se relevante no campo profissional as auditorias empresariais. Este olhar sobre a ética e a deontologia profissional do auditor para os novos negócios em Angola trará novos questionamentos para efetiva atividade profissional, além da relevância marcada por um passado não muito distante de falências em muitas empresas nacionais sem procedimento de auditorias.

---

[1] Cf. Dicionário da Língua Portuguesa Contemporânea da Academia das Ciências de Lisboa. Ed. Verbo, 2001.

O homem pós moderno é a figura central deste conflito, pois ele tornou-se menos solidário e extremamente materialista numa competição desigual aliada ao consumismo capitalista. Elementos como suborno, corrupção, deslealdade, ilicitudes tornaram-se companheiros do homem pós-moderno. Assim, repensar tais atitudes no campo da Auditoria Empresarial torna-se importante, uma vez que são os auditores os responsáveis diretos pela verdade contabilística das empresas.

Quanto às empresas, é de suma importância repensar a ética empresarial, assim os problemas aviltados neste campo tornar-se-ão menos contundente quando uma empresa caminhar para uma auditoria tanto interna quanto externa na reengenharia estrutural da mesma. Mas afinal, o que é uma organização empresarial? E, do ponto de vista ético e deontológico, qual é a figura do auditor em uma empresa?

Pode-se dizer que a Ética é, na verdade, como a educação de nosso carácter: é o temperamento ou a vontade pela razão em busca de um sentido na vida; é um processo consciente e, ao mesmo tempo, intuitivo que se desenvolve ao longo da vida, que ajuda a escolher entre vícios e virtudes, entre o bem e o mal; entre o justo e o injusto. É a predisposição habitual e firme, fundamentada na inteligência e na vontade, de fazer o bem. Ser ético, portanto, é buscar sempre o bem, combater os vícios e as fraquezas, cultivar as virtudes, proteger e preservar a vida e a natureza; é buscar ser feliz.

A prática da ética nas organizações requer convicção, vontade política e competências adequadas para tornar as ações empresariais concretas e objetivas, minimizando as resistências e as incompreensões.

Há muitas formas não éticas de agir nas organizações, como de resto na vida em geral. Você pode fazer afirmações que não são verdadeiras, superestimar ou subestimar circunstâncias e situações, reter informações que deveriam ser compartilhadas, sonegar impostos e burlar leis, distorcer fatos em seu interesse, contar meias-verdades que redundam em mentiras dissimuladas com aparência de verdade.

Segundo **Nash**[2] *"apesar de que a atividade de ganhar dinheiro sempre teve uma aliança meio desconfortável com o senso de moralidade nas pessoas".*

Num país onde a cada dia surgem novas empresas, onde encontra-se intrínseco na cultura dos colaboradores o "jeitinho angolano, ou seja, a gasosa", cabe aos gestores a missão de tornar suas empresas éticas, e que

---

[2]   Cf. NASH, Laura, Ética nas Empresas: boas intenções a parte. São Paulo: Makron Books, 2001.

ganhar na forma individual nem sempre é o melhor caminho para o crescimento da economia angolana.

Para **Moreira**[3], a ética empresarial é *"o comportamento da empresa - entendida lucrativa - quando age em conformidade com os princípios morais e as regras do bem proceder aceitas pela coletividade (regras* éticas) *"*.

Na definição de **Denny**[4], não há distinção entre moral e ética, a ética empresarial *"consiste na busca do interesse comum, ou seja, do empresário, do consumidor, do trabalhador e do governo"*. Os dois autores corroboram a ideia de que as empresas devem seguir os princípios morais.

A sociedade sofre, dia após dia, mudanças nos aspectos legais, económicos, sociais e organizacionais. Nesse ciclo de metamorfoses, as empresas começam a perceber que o sistema tradicional de remuneração - baseado apenas em aspectos hierárquicos - pode ser substituído por modelos que considerem a habilidade, a competência e o desempenho dos profissionais. Ao contrário do modelo tradicional, a remuneração por competências e habilidades está ligada a uma estrutura organizacional mais horizontal, a uma segmentação menor dos cargos e um foco maior na pessoa do que na função, buscando desenvolver o indivíduo e a organização.

Quando a empresa tem em sua visão que o seu maior capital é seus colaboradores e proporciona para eles oportunidades de crescimento e desenvolvimento dentro da própria empresa, oferecendo salários dignos, capacitação profissional e reconhecimento pelos serviços prestados a empresa.

Para **Eduardo Botelho**[5],

"as empresas devem ter uma postura ética, independente dos fatores externos, e ter sempre focados os valores que ela defende. ÉTICA é algo que todos precisam ter, alguns dizem que têm, mas na verdade poucos levam a sério, alguns se mostram preocupados, mas muitos esquecem o significado da palavra ÉTICA". O resultado disso é a imagem de que algumas empresas não estão

---

[3]   Cf. MOREIRA, Joaquim Manhães. A Ética Empresarial no Brasil. São Paulo. Pioneira, 1999.

[4]   Cf. DENNY, Ercílio A. Ética e sociedade. Capivari: Opinião E., 2001.

[5]   Cf. BOTELHO, Eduardo, Disponível em: http://www.equifax.com.br/ Acessado em 22/01/2012.

na realidade, voltadas para os clientes, mas sim, que estão
apenas dizendo isto, mas sem ética.

Em relação aos auditores, em sua parte integral são constituídos
por contabilistas, aliás, sua grade curricular comtempla contabilidade
e auditoria. Desta forma sua postura ética deve comtemplar elementos
como:

a) Ter a responsabilidade de agir no interesse público, independente
   da sua classificação funcional (auditoria, impostos ou consultoria);
b) Cumprir princípios fundamentais de integridade, objetividade,
   competência, zelo profissional, confidencialidade e
   comportamento profissional;

No campo ético e deontológico, tais elementos são fundamentais
para que o auditor tenha credibilidade profissional. Em diversos casos,
esses pressupostos não são obedecidos, daí os conflitos constantes entre
profissionais e as empresas, no geral.

A definição e a compreensão de tais normas e regras valorativas e
comportamentais colaboram no fulcro central da ética e na deontologia
dos contabilistas e auditores.

Em Angola, tanto a ética quanto a deontologia são questões aceitas e
discutidas no campo da auditoria empresarial, isto reflete certa ausência
de transparência e legitimidade de muitas auditorias praticadas tanto no
setor público como no privado.

É neste sentido que essa investigação deve caminhar na busca de
um aprofundamento, e de um diálogo e transparência nas relações de
contabilidade e auditoria.

Apesar do grande crescimento económico de Angola nos últimos
anos, alguns setores fundamentais que têm como regra normalizar as
regras das empresas em acelerado desenvolvimento ainda permanecem
em letargia. O setor da Contabilidade e Auditoria, Código de Ética e

Deontologia[6] ainda carece de ser reformado[7] para acompanhar as novas tendências da economia angolana. O novo mercado de capitais deve ser assegurado com credibilidade e transparência aos investidores.

O Código de Ética e Deontologia de Portugal[8] segue elementos como:

⇨ Aplicabilidade;
⇨ Conduta pessoal é exercício da profissão;
⇨ Independência;
⇨ Competência;
⇨ Publicidade;

⇨ Deveres com a ordem dos Auditores e com os colegas;
⇨ Relações com os clientes;
⇨ Relações com outras entidades;
⇨ Honorários;
⇨ Sanções.

Em Angola, há necessidade da modernização e estruturação do Código de Ética e Deontologia. A possibilidade desta estruturação poderá ter suas bases nas diretrizes do XVI Congresso do INTOSAI (The International Organisation of Supreme Audit Institutions), realizada em Montevideu em 1988. O Congresso teve como ponto comum organizar um código de ética para os Auditores aplicarem normas comumente aceitas internacionalmente. Participaram deste encontro do Congresso da INTOSAI, os seguintes países: Argentina, Brasil, Reino Unido, Austrália, Costa Rica, EUA, Filipinas, Japão e Suécia (Presidente). Portanto, temos necessidade da criação de um moderno Código de Ética e Deontologia para melhorarmos não só a relação entre os clientes, mas acima de tudo realizarmos auditorias com confiança e transparência. Assim, evitaremos

---

[6]   Em Portugal o projecto do primeiro Código de Ética e Deontologia Profissional foi aprovado em 1987. O Código salientava a importância da prestação de serviços às empresas ou a outras entidades, assumindo total responsabilidade perante à comunidade por toda sua conduta quer pessoal, quer profissional.

[7]   Em Angola, usa-se o Código de ética e deontologia internacional, ainda luta-se para organizar normas nacionais.

[8]   Cf. COSTA, Baptista Carlos. Auditoria Financeira – Teoria e Prática. 8 Edição, 2007. Pág 134.

um passado na qual muitas empresas desapareceram por falta de cuidados com a coisa pública. Isto justifica a urgente discussão sobre auditoria em Angola.

A justificativa do livro é a necessidade de um código de Ética sem letargia nas novas tendências da economia angolana como um instrumento legal que estabeleça princípios e regras para o exercício profissional. A obra contém 3 (três) capítulos.

No capítulo 1, enfocamos os fundamentos teóricos da ética e da deontologia no campo dos conhecimentos valorativos da ciência filosófica, evolução histórica da auditoria em suas normas legais, as empresas, o auditor e a contabilidade, e finalizo com as responsabilidades legais do auditor.

No capítulo 2, analisamos a prática do rodízio de firmas de auditoria como forma de atingir confiança e transparência em alguns países da Europa, América do Norte e Latina e as experiências destes países. Finalizamos com o regresso da ética como um princípio norteador das instituições credíveis no mercado de capitais.

O capítulo 3, constituí uma análise da ética e da deontologia no mercado angolano à luz dos novos investimentos no passado e o presente. A conduta ética na gestão das rés pública e a praxis da auditoria independente.

CAPÍTULO I

1.0. FUNDAMENTOS TEÓRICOS: ÉTICA E DEONTOLOGIA

Etimologicamente falando, ética vem do grego "ethos", e tem seu correlato no latim "moral" com o mesmo significado: conduta, ou relativo aos costumes. Podemos concluir que etimologicamente ética e moral são palavras sinónimas.

Vários pensadores em diferentes épocas abordaram especificamente assuntos sobre a Ética, entre eles destacamos: os pré-socráticos, Aristóteles, os estoicos, os pensadores cristãos, com destaques para a patrística, os escolásticos e os nominalistas.

No entanto, a Ética diferencia-se da moral pois, enquanto esta se fundamenta na obediência a normas, tabus, costumes ou mandamentos culturais, hierárquicos ou religiosos recebidos, a ética, ao contrário, busca fundamentar o bom modo de viver pelo pensamento humano. Na filosofia clássica, a ética não se resumia à moral (entendida como "costume", ou "hábito", do latim *mos, mores*), mas buscava a fundamentação teórica para encontrar o melhor modo de viver e conviver, isto é, a busca do melhor estilo de vida, tanto na vida privada quanto em público.

A ética incluía a maioria dos campos de conhecimento que não eram abrangidos na física, metafísica, estética, na lógica, na dialética e nem na retórica. Assim, a ética abrangia os campos que atualmente são denominados antropologia, psicologia, sociologia, economia, pedagogia, às vezes política, e até mesmo educação física e dietética, em suma, campos direta ou indiretamente ligados ao que influi na maneira de viver ou estilo de vida. Um exemplo desta visão clássica da ética pode ser encontrado na obra Ética, de Bento Espinoza[9].

---

[9]   **Bento de Espinoza** nasceu em 1632 em Amsterdão, foi artesão e filósofo, autor da obra "Ethica Ordine Geometrico Demonstrata" onde no seu

Portanto, o pensamento correto sobre a ética nos conduz na ideia de uma universalidade moral, ou ainda, à forma ideal universal do comportamento humano, expressa em princípios válidos para todo pensamento normal e sadio.

Segundo Lisboa[10], o conceito de ética constitui "os princípios de conduta que norteiam um indivíduo ou grupo de indivíduos". No mesmo contexto, Sá[11] afirma que a ética tem ligações muito fortes com as doutrinas mentais e espirituais, pois, em verdade, são fontes de conhecimentos que interessam diretamente à análise das virtudes. Ressalta que os estudos científicos da mente confirmam a influência dos conhecimentos adquiridos nas primeiras idades em relação às estruturas dos pensamentos, logo, das ações. E que seria na convivência com seus semelhantes, que ainda criança tende a absorver deles, por imitação ou recalque, o que lhe desagrada ou causa mal-estar. Seria nessa fase que as primeiras noções sobre as virtudes que sustentam os princípios éticos seriam estimuladas.

Aristóteles, em Ética a Nicómaco[12], ressalta que as virtudes éticas são atitudes controladoras e formadoras das emoções, duradouramente atuantes; são atitudes consolidadas e hábitos de ação que são desenvolvidas por meio do exercício e da repetição. Nesse condicionante, o comportamento das pessoas seria fortemente influenciado pelas condições que cada uma tem a seu redor, da mesma forma que pelas informações adicionais que recebe pela vida afora. Tal fato ocorre porque a visão de vida de cada pessoa está totalmente dirigida por aquelas condições e informações.

---

livro relata o tratado político na qual inclui a Ética. Spinoza defendeu que Deus e Natureza eram dois nomes para a mesma realidade, a saber, a única substância em que consiste o universo e do qual todas as entidades menores constituem modalidades ou modificações. Ele afirmou que Deus sive Natura ("Deus ou Natureza" em latim) era um ser de infinitos atributos, entre os quais a extensão (sob o conceito atual de matéria) e o pensamento eram apenas dois conhecidos por nós.

[10] Cf. LISBOA, Lazaro Plácido. Ética Geral e Profissional em Contabilidade. São Paulo: Atlas, 1997, p. 24

[11] Cf. SÁ, António Lopes. Ética profissional. 4. Ed. Revista e ampliada. São Paulo: Atlas, 2001, p 74.

[12] Cf. Aristóteles. Ética e Nicómaco. Tradução Pietro Nasseti. São Paulo: Martim Claret, 2004, p.36.

Em relação a ética em seus fundamentos das teorias filosóficas, Fraedrich, Johne Ferrel, Linda "ressaltam que aqueles que dimensionam problemas éticos nos negócios e na contabilidade estão abordados no egoísmo, no utilitarismo e na deontologia.

Os egoístas acreditam que devem tomar decisões que maximizem seu próprio interesse, que cada indivíduo define de maneira diferente. Já a ética utilitarista é voltada para a reforma da sociedade e a distribuição de justiça equitativa para todos os homens, o utilitarismo converteu-se em princípio metodológico das ciências sociais. Sua ligação com a Contabilidade e com Auditoria reside na utilidade que as demonstrações contábeis têm para a comunidade e para o mercado."[13]

Divergindo dos utilitaristas, os deontologistas argumentam que há certas coisas que não se devem fazer, nem mesmo para maximizar a utilidade. A deontologia moderna foi muito influenciada pelo filósofo alemão Immanuel Kant, que formulou o chamado "imperativo categórico": "age de tal modo que a norma da tua conduta possa ser tomada como lei universal"[14]

Analisando a deontologia, António Lopes de Sá enfatiza que as relações de valor que existem entre o ideal moral traçado e os diversos campos da conduta humana, podem ser reunidas em um instrumento regulador. Tal conjunto racional, com o propósito de estabelecer linhas ideais éticas, já é uma aplicação da ciência ética que consubstancia em uma peça magma, como se fosse uma lei entre partes pertencentes a agrupamentos sociais: "uma espécie de contrato de classe de Ética Profissional e os órgãos de fiscalização do exercício passam a controlar a execução de tal peça magma."[15]

Para finalizarmos podemos determinar que a ética é a ciência do dever ser, isto implica na existência de valores que devem estar atrelados ao ser humano desde sua infância, sendo elemento de extrema importância na condução de uma auditoria. Aliado a ética, temos a deontologia, que é a ciência dos deveres da integridade, das regras profissionais, não somente

---

[13] Cf. Fraedrich, John e Ferrel, Linda. Ética Empresarial: Dilemas, tomadas de decisões e casos. 4. Ed. Rio de Janeiro: Reichmann & Affonso Editores, 200. p. 37.

[14] Cf. Kant. Immanuel. Crítica da Razão Prática. São Paulo: Martim Claret, 2004, p. 12.

[15] Cf. SÁ, António Lopes. Ética profissional. 4. Ed. Revista e ampliada. São Paulo: Atlas, 2001, p 85.

na auditoria, mas em todas às profissões, apesar de que a ética determina a ordem geral e a deontologia abarca um âmbito mais restrito.

1.1. A EVOLUÇÃO HISTÓRICA DA AUDITÓRIA E SUAS NORMAS GERAIS.

A história da auditoria confunde-se com a própria história da humanidade, pois ela é uma atividade de extremo envolvimento com estudos que visam a proporcionar aos usuários dos dados gerados pela contabilidade, total transparência sobre os fatos, muitas vezes servindo de prova cabal na tomada de decisões. No entanto, é necessário que os auditores desenvolvam esta atividade com ética. Desta forma, percebemos que na medida em que as sociedades evoluíram, coube à auditoria manter-se na mesma perspectiva. Sabe-se que por volta do ano 4000 antes de Cristo os homens já efetuavam auditorias na Babilónia, na China e no pródigo Egito dos faraós. Tais auditorias na sua maioria estavam relacionadas com a cobrança de impostos e o controle dos setores alimentares do império do Nilo. Na América, os Astecas, Incas e Maias, muito antes da ocupação dos Espanhóis já possuíam um sistema de Contabilidade e Auditoria dos alimentos estocados especialmente para épocas de secas e baixa produtividade do milho[16].

Segundo Costa[17] (2007, p. 54-55) " a auditoria como modernamente é entendida, teve o seu início na Grã-Bretanha em meados do século XIX (como consequência da revolução industrial operada anos antes) onde aliás foram publicadas as primeiras normas de relato financeiro e de auditoria. Em 1854 foi criada *The Society Of Accountants of Scotland*, primeiro organismo profissional de contabilista e auditores a nível mundial. Também na Grã-Bretanha, e desde o final do século XVII, se reconhecia o contabilista profissional como indivíduo habilitado a tratar dos casos de insolvências, falência, liquidações etc.

A partir do final do século XIX, os auditores deixaram progressivamente de efetuar aqueles trabalhos, começando a praticar a contabilidade e a auditoria como hoje são entendidas. Isto surgiu devido, sobretudo, ao grande incremento das empresas industriais e comerciais,

---

[16] Cf. Frei Bartolomeu de Las Casas. A Destruição do Paraíso. 10. Ed. São Paulo: Saraiva, 2002. P. 25.

[17] Cf. COSTA, Baptista Carlos. Auditoria Financeira – Teoria e Prática. 8. Ed., 2007. Pág 54-55.

as quais começaram a sentir a necessidade de implementar bons procedimentos contabilísticos e eficientes medidas de controlo interno".

Outro aspecto importante no avanço da auditoria se deveu na colonização inglesa dos Estados Unidos da América, onde em 1887 foi criado o *American Institute of Accountants*. Em 1917 foram publicados os primeiros documentos técnicos sobre auditoria, mas foi o *American Institute of Certified Public Accountants* (AICPA), que em 1948 publicou as normas de auditoria que são habitualmente aceitas.

Para Costa (2007, p. 55) "Dos grandes escândalos financeiros ocorridos no final do século XX, foi publicado, nos Estados Unidos da América em 2002, a Lei Sarbana-Oxley (SOA) que se destina a proteger os investidores melhorando a precisão e a fiabilidade das demonstrações financeiras das empresas emitentes de valores mobiliários e, através do *Public Company Accounting Oversight Board* (PCAOB), monitorar os auditores de tais empresas.

Com o progressivo avanço das grandes empresas multinacionais norte americanas, sobretudo em direção à América Latina, a auditoria expandiu-se também para esta região, devido ao fato de os auditores só poderem expressar as suas opiniões sobre as demonstrações financeiras das respectivas empresas subsidiárias sejam auditadas.

Em relação a Europa com exceção da Grã-Bretanha e da Holanda, poucos países desenvolveram a auditoria. No caso dos países que receberam muitas multinacionais (América Latina), as auditorias evoluíram mais, principalmente aquelas voltadas por questões éticas e de responsabilidades dos auditores.

Os motivos destes aperfeiçoamentos foram escândalos envolvendo auditorias e auditores, isto levou parte dos especialistas a terem um comprometimento técnico-profissional e somente aceitando trabalhos com recursos para desenvolvê-los, atendendo à moral e à ética como pressupostos básicos da profissão. Para que tais ordenamentos ocorressem foram criadas as primeiras normas de auditoria que foram aceitas e aprovadas em 1948. Elas dividem-se em três grandes grupos: normas gerais, normas relativas ao trabalho de campo e normas para elaboração de relatórios.

Quadro I - Normas Gerais

(AICPA)	
1	O exame deve ser realizado por uma pessoa ou pessoas que tenha (m) adequado treino e competência como auditor (es);
2	Deve ser mantida pelo auditor ou auditores uma independência mental em todos os assuntos relativos ao exame;
3	Deve existir consciência profissional na realização do exame e na preparação do relatório

Fonte: Costa, Baptista Carlos. Auditoria Financeira p. 61-

Quadro II - Normas Relativas ao Trabalho de Campo

(AICPA)	
1	O Trabalho deve ser adequadamente planejado e, no caso de haver assistentes, estes devem ser apropriadamente supervisionados
2	Tem de haver um estudo e uma avaliação apropriados do controlo interno existente não só como base da confiança que o mesmo merece como também para a determinação da extensão dos procedimentos de auditoria;
3	Devem ser obtidas provas suficientes através de inspeções, observações, indagações e confirmações, a fim de se obter uma base razoável para a formação de uma opinião relativa às demonstrações financeiras sob exame

Fonte: Idem, p.. 61-

Quadro III - Normas para Elaboração de Relatórios

(AICPA)	
1	O relatório deve mencionar se as demonstrações financeiras estão apresentadas de acordo com princípios de contabilidade geralmente aceites;
2	O relatório deve mencionar se tais princípios têm sido consistentemente observados no período sob exame em relação ao período anterior;

3	Devem ser aceites como razoavelmente adequadas notas informativas às demonstrações financeiras, a não ser que outra coisa seja mencionada no relatório;
4	O relatório deve expressar uma opinião relativa às demonstrações financeiras tomadas como um todo ou na afirmação de que tal opinião global não possa ser expressa, devem ser mencionadas as razões de tal fato. Nos casos em que o nome de um auditor seja associado às demonstrações financeiras, o relatório deve conter uma indicação clara da característica do exame do auditor, se existir, e o grau de responsabilidade por ele assumido.

Fonte: Idem. p. 61

O fator determinante nas normas gerais da auditoria é a sua comunicação com a credibilidade do auditor. Cabe a ele assegurar nas demonstrações financeiras, assim como nos relatórios, toda a confiança empregada nele pela empresa; aliás, não poderá existir auditoria sem credibilidade, isto caracteriza exatamente a função do auditor como independente dos problemas fiscais ou financeiro de uma organização.

1.2. AS EMPRESAS, O AUDITOR E A CONFIABILIDADE

O trabalho do auditor possui dois pilares fundamentais: a confiabilidade e a sua independência. À primeira vista, a imagem deste profissional passa por esses dois pontos para fornecer às empresas sua solução técnica com ética e deontologia profissional.

Os grandes escândalos ocorridos no século passado levaram muitas empresas a repensar a figura do auditor, a primeira vista denegrida com a perda da confiabilidade.

A decisão do auditor possui valores determinantes no mercado financeiro, sendo assim, qualquer desvio de informação poderá levar as empresas a crises sem precedentes no mercado de capitais, atingindo seu ativo e passivo, levando credores e investidores ao desespero por possíveis perdas. Daí sua função profissional ser o zelo pela fidedignidade e confiabilidade das demonstrações contábeis.

A postura do auditor deve fundamentar-se principalmente nos aspectos da confiabilidade e independência associados ao cuidado e ao zelo.

O auditor, por utilizar um trabalho de investigação e ter acesso a todo tipo de informação sobre a empresa visitada, toma conhecimento de situações que podem ser complicadas se levadas ao conhecimento de terceiros. Deste modo, o auditor não pode, sob hipótese alguma:

a) Divulgar, fora dos canais competentes, fatos que ele tenha identificado no curso de seus exames;
b) Utilizar destas informações em seu próprio benefício ou de terceiros.

O auditor estará agindo de forma incorreta e contrariando, portanto, a ética profissional quando não informar de forma clara e objetiva tudo aquilo que ele identificar no exame das demonstrações contábeis e em outros documentos que possam de alguma forma dar conotação diferente à situação orçamentária, financeira e patrimonial de uma empresa, ou caracterizar desvio dos Princípios de Contabilidade geralmente aceitos.

O auditor, para desenvolver seu papel, tem que trabalhar sem sofrer qualquer influência de qualquer tipo de constrangimento.

Em face da importância do trabalho do auditor, em relação a empresa e aos seus gestores e as consequências do resultado de suas investigações, o auditor deve cercar-se de todos os cuidados e documentos que comprovem suas posições e agir em conformidade com os princípios de auditoria e respeitar o Código de Ética Profissional.

Além disto, deverá ser discreto e tranquilo, evitar falar em demasia, ter objetividade, definir com propriedade sua amostragem, estudar a literatura pertinente a suas ações, tais como princípios contábeis, legislação e técnicas de auditoria, e nunca usar a força para defender os interesses do órgão ao qual está servindo.

Segundo Cardozo[18]o Código de conduta do profissional de auditoria deve conter pelo menos os seguintes tópicos:

1. "Comprometimento técnico-profissional, somente aceitando trabalhos que julgue estar capacitado de execução;

---

[18] Cf. CARDOZO, Júlio Sérgio. Relatórios e pareceres de auditoria, São Paulo: Editora ATLAS. 1987, p. 13.

2. Independência total no desenvolvimento dos trabalhos em todas as fases não deixando-se influenciar por fatores estranhos que caracterizem a perda da imparcialidade;
3. Cobrança de honorários compatíveis com os trabalhos desenvolvidos, avaliando principalmente a relevância e o vulto do serviço a ser executado;
4. Sigilo total das informações coletadas nos trabalhos de campo, somente divulgando-as para terceiros mediante autorização expressa da entidade, ou salvo quando houver obrigação legal.

Para o auditor, tais princípios devem constituir o seu ponto de apoio, sendo principalmente independente, fator preponderante para as empresas e o empresário.

Para Cardozo[19] "a função da auditoria independente é muito importante no mercado de capitais, pois proporciona proteção aos interesses dos investidos, requerendo que as firmas de auditoria sejam independentes do seu cliente e atuem em nome da sociedade. Entretanto, o controle sobre a contratação e a troca de auditores está sob responsabilidade da administração na obtenção de melhores desempenhos e resultados, impõem sobre o auditor uma forte pressão a respeito dos resultados dos trabalhos de auditoria"

Daí a importância de sua independência, tendo em vista que o seu parecer é indispensável para o público investidor. A razão está em assegurar a credibilidade das informações contábeis divulgadas pelas empresas. Desta forma, os auditores independentes são a garantia das empresas no competitivo mercado.

Em alguns casos, o parecer do auditor não reflete um juízo sobre a viabilidade futura dos negócios, mas fatores observados de risco e eventos futuros do nicho de mercado devem ser considerados no levantamento da auditoria para eventuais notas explicativas nas demonstrações publicadas.

1.3. RESPONSABILIDADES LEGAIS DO AUDITOR

A sua função social strictu sensu é de defensor direcionado ao contexto empresarial externo e interno, pois empresas privadas contratam auditores para avaliar se o seu controle administrativo é eficaz, se sua contabilidade é feita de acordo com as normas contábeis legais,

---

[19]   Cf. Idem, p. 16.

analisando a atuação de funcionários e até a dos próprios dirigentes e sócios da entidade.

Destarte, essas prerrogativas citadas dão grande projeção e relevo à função de auditor, consequentemente, a responsabilidade de seu trabalho para a sociedade em geral e com os dirigentes da empresa é líquida e certa. Portanto, no desempenho de suas funções, constitui-se sua responsabilidade por danos causados a clientes ou a terceiros[20].

Em Angola, não existe um Conselho a nível Nacional capaz de punir do ponto de vista ético ou deontológico; mas o auditor poderá ser enquadrado em outras responsabilidades como na do direito civil e criminal, além do direito do consumidor.

Reunir claramente e definir perante nossa legislação civil, penal, comercial e profissional as responsabilidades do auditor poderá levá-lo a determinadas sanções, dependendo da sua negligência cometida e da forma na qual venha prejudicar uma empresa no mercado de capitais. Geralmente as sanções disciplinares são levadas a cabo pelos Conselhos ou Associações profissionais, enquanto o Estado determina as sanções civis e criminais. Para o auditor, sua principal proteção está na emissão de seu parecer. Está também na execução cuidadosa de seu trabalho, juntamente com a aplicação das normas profissionais vigentes e aceitas. Isso salvaguarda sua pessoa, pois ele é responsável pelo seu parecer, e se este tiver sido elaborado de acordo com as normas, não poderá ser responsabilizado.

No que tange a responsabilidade civil, é óbvio que ela existe, pois a prestação de serviços deve ser regida por um contrato, portanto, esse contrato é uma obrigação[21]. Não podemos também esquecer que esse

---

20 Cf. Nesse aspecto a Lei de Angola número 15/03 de 22 de Julho (Diário da República I Série – Número 57) consagra no seu artigo 3, que o "Consumidor é toda pessoa física ou jurídica a quem são fornecidos bens e serviços"... Serviços "é qualquer actividade fornecida no mercado de consumo, mediante remuneração, inclusive de natureza bancária, financeira, crédito e secundária"... O auditor neste sentido é um prestador de serviços.

21 O Código Civil Angolano em Direito das Obrigações no Artigo 397 define a noção da obrigação. A "Obrigação é um vínculo jurídico por virtude do qual uma pessoa fica adstrita para com o outro à realização de uma prestação" No Artigo 398 temos:" 1. As partes podem fixar livremente, dentro dos limites da lei, o conteúdo positivo ou negativo da prestação. 2. A prestação não necessita de ter valor pecuniário; mas deve corresponder a um

profissional é um cidadão inserido no Estado de Direito com profissão regulamentada, estando sujeito a Direitos e Deveres.

Deve-se atentar que, referindo-se a responsabilidade civil, o Auditor e qualquer profissional de Contabilidade estão condicionados a obrigação de meios e não de resultados, ou seja, se o profissional trabalhar de acordo com as normas técnicas e éticas contábeis não responderá civilmente por atos que praticou, uma vez que inexiste prejuízo a apurar, dada a inexistência da responsabilidade dos resultados, caso contrário por culpa estrita e literal em que se comprove imprudência ou negligência por dolo ou não, fica o profissional responsável por sua obra. Desta forma, somente por erro inacusável, que é aquele ocorrido por ignorância patente e profunda, é que poderá levar o contabilista e auditor aos tribunais para responsabilizá-lo por eventuais danos aos clientes ou terceiros em função de um contrato no qual o dever de cumprir passa a ser uma obrigação que não poderá ser quebrada para não causar danos ao credor.

O auditor, no que tange ao exame auditorial, esse deve ser baseado em um entendimento entre o auditor e seu cliente. É prática extremamente imprudente comprometer-se a executar algo tão importante como o trabalho de auditoria, sem haver descrição específica do trabalho que o auditor terá que executar, ou seja, e imprescindível um contrato de prestação de serviços que especifique com razoável exatidão a natureza do exame que ele se compromete a fazer, pois o cliente pode mais tarde afirmar, em prejuízo do auditor, que pretendia uma investigação mais ampla e detalhada.

Na realização de seu trabalho, o auditor deve agir de acordo com os termos de seu contrato uma vez que deixe de aplicar devido cuidado e capacidade, ou deixe de guardar sigilo da informação a que ele teve acesso, ele pode tornar-se legalmente responsável perante o cliente, por quebra de contrato.

Os danos em tais circunstâncias serão a perda sofrida e comprovada pelo cliente.

---

interesse do credor, digno de proteção legal" Cf. Marques, Vicente António. Código Civil Angolano. Editora Texto. Luanda, 2005. p. 113.

CAPÍTULO II

2.0. A PRÁTICA DO RODÍZIO DE FIRMAS DE AUDITORIA

Segundo Chew[22] em seu estudo sobre a história do rodízio de firmas de Auditoria, menciona que, no início do século XX, as práticas britânicas de contabilidade e de auditoria tinham grande influência sobre o mercado americano. Não obstante um número extenso de fraudes em corporações inglesas, com os casos *"Leeds Estate Building and Investiments Co"*; *"The Kingston CottonMill Company* em 1896 e *Rex v Kylsant* em 1931", a estabilidade do auditor não havia sido questionada, apesar de suspeitas.

Algumas companhias consideravam os benefícios da mudança de auditores externos como uma forma de buscar mais valor do que foco em seus custos. De fato, a maior empresa americana, *E.I. DuPont de Nemours & Company* (DuPont), começou a adotar como política o processo de mudar seus auditores e procedeu ao rodízio de auditores a cada ano, no período de 1911 até 1927, exceto em 1919. Em 1928, a companhia alterou sua política e experimentou ter um mesmo auditor por anos consecutivos. A rotação periódica aconteceu até 1954, quando a *DuPont* decidiu apontar um único auditor independente de forma permanente.

Outro caso destacado por Chew[23], em 1939, o caso McKesson e Robbins foi o primeiro exemplo em que as práticas de auditoria foram publicamente criticadas e julgadas. O caso envolveu uma fraude do seu ex-presidente e de seus três irmãos para fraudar a companhia. Eles elaboraram um esquema com empresas fictícias, estoques inexistentes e forjaram uma variedade de documentos. Quando a fraude foi descoberta,

---

[22] Chew Ng. Rotation of Auditors: History and Recent Developments. School of Accouting, Banking & Finance. Logan Campus. Griffith University Drive, Meadowbrook, Austrália 4131. 2003. Disponível em <http://www.unisi.it/>. Acesso em 20 abril. 2012.

[23] Idem, Acesso em 20 de Abril de 2012.

se constatou que havia ocorrido um desvio de aproximadamente US$ 2,9 milhões do caixa da companhia em um período de 12 anos.

Em razão da falta de dois procedimentos de auditoria, o primeiro, a observação física dos estoques e o segundo o de se obter a confirmação de contas a receber naquela oportunidade, procedimentos de auditoria ainda não requeridos, o auditor independente não detetou o montante de US$ 19 milhões de ativos não existentes e US$ 1,8 milhões de vendas fictícias. Em consequência, o rodízio de firmas passou a ser discutido e, ao final do processo de avaliação, o acompanhamento de inventários físicos e de confirmação de saldos passou a ter procedimentos obrigatórios em um trabalho de auditoria.

Na década de 70, graças ao aumento da competividade entre firmas de auditoria, o debate sobre o rodízio foi iniciada, e Chew[24] enfatiza que em 1976 dois eventos contribuíram para incitar novamente a discussão: primeiro, a tentativa no Senado Federal dos Estados Unidos, na Comissão de Direitos e Responsabilidades Corporativas, de adotar o rodízio a cada cinco anos para as empresas listadas em Bolsa de Valores. Não houve sucesso nessa petição.

Segundo evento foi precipitado pelo apoio à rotação de firmas de auditoria na Subcomissão do Senado Federal para Relatórios de Auditoria e da Administração. O Senador Lee Metcalf, em seus estudos, menciona a existência de erros, falhas corporativas e dificuldades financeiras não informadas pelas grandes empresas ao mercado. O relatório final sobre diversos temas contábeis, em suas 16 recomendações, propõe na recomendação número 4, a adoção do rodízio de firmas. Em resposta, o AICPA (American Institute of Public Accountants), contestou o procedimento, abordando a possibilidade de aumento de custos para empresas e enfatiza que o rodízio de profissionais e a adoção de comitê de auditoria seriam suficientes para o monitoramento do assunto.

2.1. O RODÍZIO DE FIRMAS E A VISÃO INTERNACIONAL

Em relação ao rodízio de firmas, as recentes pesquisas indicam nos últimos anos uma elevação dos preços de auditoria nos primeiros anos de trabalho.

---

[24]   Idem, Acesso em 20 de Abril de 2012.

Na Itália, a pesquisa desenvolvida pela Universidade de Bolonha, *SDA Universitá Bocconi*, sobre os efeitos do rodízio de firmas de auditoria no mercado de capitais, chamada de *"The impact of mandatory audit rotation on audit quality and on audit pricing: the case of Italy"* foi realizada com empresas listadas na Bolsa de Valores e visa a identificar as bases empíricas dos possíveis impactos do rodízio de firmas de auditoria, introduzido em 1975.

Os resultados dessa pesquisa, emitidos em 2002, demonstraram uma grande concentração do mercado pelas grandes firmas de auditoria e que as normas de rodízio não davam às pequenas e às médias firmas de auditoria oportunidade de competir com as grandes firmas. Além disso, foi confirmado um impacto significativo nos custos dos serviços de auditoria nos primeiros anos de trabalho, pois mais horas seriam necessárias para realização dos trabalhos e *staff* mais qualificado em relação a trabalhos de auditoria de demonstrações contábeis considerados rotineiros. Foi confirmado que os erros nos pareceres foram cometidos no primeiro ano de relacionamento do novo auditor, quando ele ainda não tinha todo o conhecimento requerido para auditar a companhia. A pesquisa confirma que o rodízio de firmas tem impacto negativo na qualidade dos trabalhos durante o primeiro ano do serviço.

Constatou-se, também, que existe uma frequência muito grande de pareceres qualificados com ressalvas a partir do terceiro ano de relacionamento, quando se presume que as firmas de auditoria adquirem um conhecimento profundo a respeito da entidade auditada.

Nos Estados Unidos, em novembro de 2003, o Congresso dos Estados Unidos encomendou ao Departamento Geral de Contabilidade Norte-Americano, conhecido como GAO – *General Accounting Office*, um relatório para avaliar se o rodízio de firmas de auditoria seria uma medida adequada para evitar fraudes contábeis.

Após um ano de estudo, o GAO decidiu não recomendar o rodízio de firmas, por considerar que os benefícios ainda seriam difíceis de prever e quantificar, ao passo que os custos para as companhias certamente aumentariam.

Os resultados confirmaram que a troca de auditorias aumenta o risco de falhas nos primeiros anos após a mudança, em razão da falta de conhecimento das operações da companhia, do ambiente de sistemas internos e das práticas financeiras. As firmas, também, afirmaram que o custo dos honorários subiria cerca de 20% em virtude do conhecimento a ser adquirido em cada novo cliente. Ainda, o estudo confirmou que, aos olhos dos investidores individuais, o rodízio de firmas seria positivo. A concorrência no mercado seria afetada, com as firmas acreditando que o mercado de auditoria de empresas abertas se tornaria mais concentrado em um pequeno número de firmas de auditoria.

O prazo de dois a três anos foi estabelecido pelos auditores pesquisados como ideal para obter o conhecimento da estrutura operacional e dos processos do novo cliente e, consequentemente, aprofundar e desenvolver uma auditoria mais eficaz.

Na Inglaterra, em 29 de janeiro de 2003, o grupo denominado *Co-ordinating Group on Audit and Accounting Issues* (CGAA) emitiu o relatório final sobre a revisão dos procedimentos e políticas empregadas no Reino Unido no que tange à atividade de auditoria independente.

O relatório final reconheceu que, sejam quais forem os efeitos reais do rodízio sobre a independência dos auditores, ele teria em si a virtude de melhorar a perceção de independência e, portanto, de ampliar a confiança no trabalho do auditor. A explicação estaria no fato de que é frequente a suspeita de que relacionamentos mais longos com o auditor podem gerar acomodação, menos rigor na análise e perda do sentimento crítico na apuração dos números. Entretanto, esse mesmo grupo identificou que, com o aumento da complexidade dos negócios nas grandes empresas, os auditores podem levar anos para compreender plenamente uma empresa ou as operações dessa empresa; dessa forma, o rodízio poderia ampliar os riscos de falhas decorrentes desse aprendizado. Ademais, foi salientada a falta de exemplos de sucesso dessa prática na comunidade internacional.

O relatório final não recomenda o rodízio de firmas e solicita a adoção do rodízio de sócios a cada cinco anos e de outros sócios-chave para o processo a cada sete anos.

No contexto internacional, o procedimento de rodízio de auditores independentes tem sido debatido em vários ambientes de negócio, porém com aplicação concreta extremamente restrita.

Nos Estados Unidos da América, como exemplo de ambiente de negócio e profissional de alto desenvolvimento, o debate do assunto iniciou-se na década de 1930, sendo subsequentemente redescutido com certa periodicidade. Porém, a adoção do procedimento de rodízio de firmas de auditoria nesse país tem sido reiteradamente rejeitada. Recentemente, em setembro de 1996, a "General Accounting Office" (agência do governo americano), decidiu novamente, de forma expressa, não recomendar esse procedimento.

Quanto à América do Sul, esse procedimento foi aplicado no Peru e limitado às instituições financeiras. Contudo, em setembro de 1997, esse procedimento foi alterado, sendo agora somente requerido o rodízio da equipe de Auditoria a cada cinco anos, e não mais o rodízio de firma de Auditoria. Esse procedimento está em linha com as regras sobre rodízio de auditores adotadas na Argentina.

No contexto europeu, a Grécia, a Espanha e a Itália adotaram a rodízio de firmas de Auditoria; porém, a Grécia a aboliu em 1994 e, no caso da Espanha, esse procedimento foi abandonado em 1995, não chegando a ser adotado, e a Itália estuda sua eliminação, no contexto da Comunidade Econômica Europeia.

Da mesma maneira, a Turquia, também, abandonou esse procedimento em 1998, justificando essa decisão pelo fato de não ser adotado nas economias mais desenvolvidas.

1.2. A ÉTICA E SEU REGRESSO ÀS EMPRESAS

O mundo dos negócios tem vivido nos primeiros anos dos séculos XXI mudanças profundas em todos os setores da economia. Os novos paradigmas requerem uma resposta a este desafio que por razões estruturais ou organizacionais tem comprometido o mercado de capitais. Uma das alternativas das organizações passa pela confiança dos investidores em diferentes tipos de negócios no mundo. Daí a necessidade de uma gestão ética nas organizações acionando uma grande carga de princípios morais para garantir um futuro sustentável nas empresas.

A forma na qual as empresas buscaram o lucro a curto prazo pode estar nas raízes de uma das piores recessões conhecidas no século XXI. Muitas empresas apostaram numa gestão atroz e no desprezo imprudente em troca do risco moral e ético.

O exemplo evidente nas sucessões de erros sem uma gestão ética foi a falência de empresas bem-sucedidas durante 158 anos como a " Lehman Brothers" e outras como "Enron", "Bernard Madoff" e "Parmalat".

Segundo a Revista Estratégia[25] de acordo com os estudos do *Instituto de Estudos Superiores de la Empresa*, IESE, da Universidade de Navarra, tais falências de grandes empresas está na obsessão do ganho e do menosprezo da ética.

---

[25] Cf. Revista Estratégia – Instituto de Estudos Superiores de la Empesa, IESE. In Razões para recuperar a ética nas empresas. 50. Fevereiro de 2010.

" A derrocada do Lehman Brothers é somente um item de uma longa e crescente lista de escândalos empresariais recentes que agora inclui Artur Anderson. No seu último livro, *Management Ethics: Placing Ethics at the Core of Management* (Palgrave Macmillian, 2012), Domènec Melé convida a mudar a obsessão pelos ganhos de curto prazo a qualquer custo por uma visão mais profunda e de longo prazo da gestão empresarial.

Mèle argumenta que a boa gestão deveria ter ética em conta porque tem a ver com pessoas e, para lidar com as pessoas, é preciso ter ética.

Uma empresa não é uma máquina. É, acima de tudo, uma construção humana. Quem comanda são indivíduos livres que cooperaram dentro de uma organização com objetivos comuns e as decisões e ações que um gestor toma têm o potencial de beneficiar ou prejudicar os outros. Assim a ética não é um componente artificial da empresa, mas um aspecto intrínseco da boa gestão. Assim, as companhias não deveriam ver as pessoas como recursos ou meios para obter lucros".

Neste sentido toda gestão ética tem que reconhecer o que as pessoas são, tratando-as de acordo para fomentar o seu desenvolvimento.

A ética está associada a administração principalmente pela tomada de decisões, pela ideia que impelem à prática da gestão, e por fim, pela natureza moral do próprio gestor. Tomar e pôr em prática decisões éticas contribui para a boa gestão de muitas formas, ajudando a humanizar as empresas, gerando confiança, estimulando a lealdade, incentivando a responsabilidade e ajudando a desenvolver uma forte cultura moral.

Para Domènec Melé[26] "o respeito pela dignidade humana é um princípio básico e este princípio reverte para o bem das comunidades a que se pertence, e à sociedade em geral".

O autor propõe três valores básicos, e as virtudes correspondentes, como fundamentais para a gestão da ética: justiça, verdade e amor inteligente. A justiça dá a cada qual o que legitimamente lhe pertence. A verdade tem que ver com o respeito à honestidade nos nossos atos e palavras, e a disposição de procurar a verdade.

O amor inteligente, compreendido como aquele que nasce do conhecimento das necessidades reais dos outros, transcende a justiça e envolve a preocupação e a benevolência.

A ética e a eficiência caminham de mãos dadas. A eficiência depende de muitos fatores, como tecnologia e processos de produção, mas também

---

[26]   Idem, p. 53.

da disposição daqueles que pertencem a uma organização para trabalhar em prol de objetivos e cooperar com os outros"

No entanto, temos que ter cuidado, pois esta disposição deve passar pela confiança e pela moral, que podem correr riscos ou perigos quando os grupos de empresas estiverem sendo manipulados, ignorados ou tratados injustamente. Assim, ter consciência técnica é a melhor forma para alcançar a eficiência. Por sua vez, a eficiência de uma empresa contribui para o bem comum. Um uso eficiente dos recursos dá apoio moral à vida humana e torna os bens económicos amplamente acessíveis. Ao aumentar a competividade, a eficiência também contribui para criar e preservar o emprego, dessa forma ajudando a oferecer um meio de vida para maior número de pessoas.

Os diretores precisam chegar a um consenso entre gerar lucros e ser responsável pelos diversos grupos interessados da empresa. Acionistas, empregados, clientes, fornecedores e a comunidade local têm algo a ver com o sucesso ou fracasso, com a sustentabilidade ou a perda.

Em suma, embora o lucro seja necessário e importante, não é o único propósito de uma empresa. A empresa deve também buscar outros elementos para melhoria humanística da sociedade. Isso significa buscar não apenas resultados económicos, mas também o impacto positivo das empresas, na sociedade, no ambiente para manter sustentabilidade. As competências morais, incluindo o caráter e as virtudes têm importância particular na liderança de uma empresa no mercado. O caráter molda a visão, metas, estratégias, perceção e outras dimensões decisivas do líder. Na visão de Peter Drucker "é através do caráter que se exerce a liderança".

A mais importante qualidade de um bom líder é a disposição de servir aos outros, o que requer interesse genuíno pelas pessoas, ajudando-as a atingir objetivos louváveis.

Outras qualidades morais essenciais para a liderança são a compaixão, constância, coragem, gratidão, honestidade, integridade, lealdade, paciência, responsabilidade e solidariedade.

Embora a ética possa não ser a cura para todos os males que afetam a economia, é absolutamente vital, se quisermos deixar para trás a crise atual e alcançar uma recuperação sustentável. A ética pode ajudar o gestor a escolher a melhor alternativa para as práticas comerciais e quiçá um mundo melhor nas relações completivas do capitalismo.

CAPÍTULO III

1.3. A ÉTICA E A DEONTOLOGIA NO MERCADO ANGOLANO: UMA SÍNTESE CRÍTICA.

O mercado angolano, apesar da sua expansão devido ao crescimento da economia, ainda possui uma volatilidade não calculada pelo mercado de capitais.

Segundo o Sandroni[27] **MERCADO DE CAPITAL** "é toda a rede de Bolsas de Valores e instituições financeiras (bancos, companhias de investimento e de seguro) que opera com compra e venda de papéis (ações, títulos de dívida em geral) a longo prazo.

Tem a função de canalizar as poupanças da sociedade para o comércio, a indústria e outras atividades econômicas e para o próprio governo.

Distingue-se do mercado monetário, que movimenta recursos a curto prazo, embora ambos tenham muitas instituições em comum. Os países capitalistas mais desenvolvidos possuem mercados de capitais fortes e dinâmicos.

A fraqueza desse mercado nos países subdesenvolvidos dificulta a formação de poupança, constitui um sério obstáculo ao desenvolvimento e obriga esses países a recorrer aos mercados de capitais internacionais, sediados nas potências centrais".

Este seguimento de mercado constitui operações de médio e longo prazo e está dividido em duas partes denominados mercado primário e o mercado secundário que é a Bolsa de valores.

Angola já possui o mercado primário responsável pelas emissões de títulos através do Banco Nacional de Angola (BNA), mas luta com muitas dificuldades para implantar o mercado secundário notadamente a Bolsa de Valores. O que está por trás desta trajetória destes dois mercados? É

---

[27]   Cf. Sandroni, Paulo. Novíssimo Dicionário de Economia. In Introdução economia. Files. Worpress.com. Acesso em 28/06/2012.

justamente a necessidade da ética e da deontologia para que o investidor aplique seu capital com a segurança e transparência que o dono do capital tem que ter para o seu investimento.

Enquanto tais pressupostos não estiverem plenamente garantidos, nem mesmo as futuras auditorias neste setor poderão garantir um investimento seguro e longe de qualquer perda adicional de que investe o seu dinheiro na busca de um futuro acolhedor.

A bolsa de valores realiza suas transações no mercado com objetivos como:

a) Facilitar o intercâmbio de fundos entre as entidades que precisam de financiamento e os investidores;
b) Proporcionar liquidez aos investidores na bolsa;
c) Fixar os preços dos títulos através da lei da oferta e a demanda;
d) Dar informações aos investidores sobre as empresas que negociam na bolsa;
e) Proporcionar confiança aos investidores, que as compras e as vendas de valores estão garantidas juridicamente;
f) Publicar os preços e as quantidades negociadas para informar aos investidores e às entidades interessadas.

O mercado de capitais é um mercado eletrônico, onde tomadores de capitais, ofertadores de capitais, especuladores, investidores e gestores financeiros transacionam capitais em todas as direções do mercado. Estaria Angola preparada para movimentar tais capitais com postura e lisura ética, ou tais referências passariam por uma legislação moderna para impor a ética e deontologia dos operadores?

Como este mercado suportaria a crescente pressão dos capitalistas na direção do lucro fácil na relação de um esforço nulo para o enriquecimento?

Perguntas como essas podem estar na raiz da nossa economia ou até mesmo da política econômica, da forma de gestão praticada em Angola em tempos não muito remotos.[28]

---

[28] **Grifo é nosso**. Tanto as políticas económicas praticadas no tempo colonial (modelo exploratório), como também as praticadas no período leninista-marxistas deixaram marcas profundas na relação das comunidades

Sabemos que a história recente angolana foi marcada por um longo conflito armado, não proporcionando o desenvolvimento de uma cultura do diálogo com a desconfiança, representando um pilar importante nas relações entre pessoas e instituições.

As dificuldades que os angolanos enfrentam principalmente no que diz respeito às restrições de sua atuação, à dificuldade de inserção da sociedade civil na formulação de políticas públicas, e no desenvolvimento de parcerias junto ao governo demonstram, em grande medida, a especificidade dos países que passaram por processos de colonização e guerra civil com autoritarismo seculares.

Destarte, os atores não-estatais angolanos vêm se empenhando em direção à valorização da democratização e da sociedade civil enquanto agente transformador do espaço social através de ações fundamentais, não empreendidas até então como a inserção da ética como compromisso e construção de novas comunidades.

O papel da sociedade civil na II República em Angola (1992), que trouxe o multipartidarismo, a economia de mercado proporcionou maior participação social no país. Por fim, os novos desafios dessa sociedade civil, como a promoção do desenvolvimento social, a busca pela democratização e a descentralização política e administrativa foram fundamentais para a criação de parcerias entre o governo e a sociedade em termos de políticas econômicas voltadas para o setor público. Daí, o incremento do mercado de capitais reforça esta nova dinâmica do crescimento e do desenvolvimento da economia angolana que deverá ser determinada por uma nova postura ética e deontológica, afim de confirmarmos que o passado não poderá ser determinante nas novas relações éticas empresariais em Angola.

O modelo vantagista custou muito caro ao mercado do país. O regresso da ética e da deontologia nas empresas, na contabilidade, na auditoria, na administração pública ou privada deve levar em consideração de que muitas empresas angolanas desapareceram do mercado por questões contrárias a tais pressupostos da ordem, da lei e do mercado.

---

e nas instituições públicas e privadas. Existe uma eterna desconfiança na gestão, assim como na produção empresarial. O período pós independência marcado pela guerra civil acelerou este processo. Na guerra não existe ética e nem deontologia. O futuro é marcado pela sobrevivência do "dia-a-dia" para cada ser.

As novas alternativas para empreender e ter sustentabilidade deve buscar na história recente da economia angolana o exemplo do fracasso e da falência de empresas que até hoje lutam para restabelecer e justificar perante seus trabalhadores dívidas monetárias e sociais num período marcado por gestão *laissez-faire* ou *laissez-passer*. Os novos tempos não permitem imitar a história de fracassos, insolvência na falta da transparência da coisa pública ou privada.

1.4. A CONDUTA ÉTICA NA GESTÃO DAS EMPRESAS PÚBLICAS E A PRAXIS DA AUDITORIA INDEPENDENTE

A ética representa uma abordagem sobre as constantes morais, aquele conjunto de valores e costumes mais ou menos permanentes no tempo e uniforme no espaço.

A moral administrativa é imposta ao agente público para sua conduta interna, segundo as exigências da instituição a que serve, e a finalidade de sua ação: *o bem comum*.

A ética na administração e a moralidade administrativa não representam senão uma das faces da moralidade pública que se sujeita ao controle social, pois a moralidade é encontrada nos julgamentos que as pessoas fazem sobre a conduta e não na própria conduta.

Portanto, todo gestor público deve ter dentro de si a moralidade como princípio básico para sua conduta em prol da sociedade, evitando assim vícios administrativos que poderão ser dispendiosos para o Estado. Enfim, ser verdadeiramente cumpridor de todo o projeto das ações estatais.

A ação estatal encontra-se norteada por diversos princípios dentre os quais destaca-se o da legalidade, que delimita o campo de atuação possível do Estado e garante aos cidadãos a titularidade de direitos.

No entanto, sendo o Estado um ser ético-político, a avaliação da conduta de seus agentes não pode pautar-se, apenas, pelo aspecto da legalidade. Revela-se imperiosa a verificação quanto a obediência à preceitos éticos que estejam disseminados na própria sociedade. A ética na condução da *res publica (coisa pública)* emerge como instrumento eficaz de proteção dos direitos fundamentais, a exemplo da liberdade e da igualdade.

A Administração Pública se constitui no instrumental de que dispõe o Estado para
implementar as prioridades do Governo. Assim, merece atenção especial o estudo acerca das ações empreendidas pelo gestor da coisa pública, sobretudo em relação ao grau de aderência ao interesse público (efetividade). Deve haver compatibilidade entre as prioridades de governo e o querer da coletividade.

Verifica-se grande dificuldade da sociedade em avaliar a conduta dos gestores públicos, notadamente em função da ausência de informações tempestivas, suficientes e confiáveis. Até mesmo o processo de escolha dos governantes nas democracias, através de eleições seguras e livres, vem sendo objeto de ressalvas quanto a sua eficácia como mecanismo garantidor de que os escolhidos trabalharão em função dos melhores interesses da coletividade, uma vez que os cidadãos não possuem todas as informações necessárias a uma escolha correta. O que reforça a importância do acesso às informações.

Dentro deste contexto torna-se imprescindível a existência de órgãos integrantes da
estrutura estatal que componham uma verdadeira rede de agências de *account ability* incumbidas de supervisionar, controlar, aplicar sanções, e sobretudo prover o cidadão das informações relativas a conduta do gestor público.

No caso de Angola, esta rede de agências de *account ability* englobaria, dentre outros, a Procuradoria Pública, o sistema de controle interno dos Poderes, o Poder Judiciário e os Tribunais de Contas em nível central e provincial. Aos Tribunais de Contas cabe a efetiva fiscalização, bem como a aprovação das contas na entrada e saída de cada mandatário, aliás a nova Lei da probidade pública tem documento legal sobre isto publicada recentemente[29]. A partir da nova lei da probidade pública, os gestores

---

[29]   Grifo é nosso. A Lei nº 3/10 (Lei da Probidade Pública);

Determina para que não subsistam dúvidas sobre quem é o destinatário desta lei, o Artigo 15º discrimina com detalhe quem é agente público, que inclui o executivo, deputados, magistrados do Ministério Público, Forças Armadas e toda a escala da administração pública.

Para impedir benefícios pessoais no exercício de tarefas públicas, no Artigo 18º é discriminada uma lista de oito formas e exemplos de oferendas e bens vedados ao agente público, incluindo dinheiro, imóveis, viaturas, embarcações, férias pagas e todos os bens que, pelo seu "valor pecuniário"

públicos ficam condicionados à transparência na prestação dos serviços públicos.

Aos Tribunais de Contas compete verificar o cumprimento da Lei Administrativa, que está erigida sobre alguns pilares, dentre os quais o da transparência. Assim entendida, não só a disponibilização de informações, mas sobretudo a compreensão dos dados divulgados por parte do cidadão mediano. O objetivo mais nobre do princípio da transparência é permitir e estimular o exercício do controle social, a mais eficaz das formas de controle da conduta do gestor público.

O exemplo da falta da lei da probidade pública concorreu para falência de muitas empresas angolanas, aliada também pela ausência do princípio ético e deontológico. Empresas como:

a) Egrosbal U.E.E;
b) Eremista U.E.E;
c) Etraci U.E.E;
d) Cotonang;
e) Macambira;
f) Mabor Malhas;
g) Mabor Pneus;
h) Textang 1, 2 e 3;
i) Sociborda.

Todas essas empresas estatais, privada ou com capital misto faliram em Angola marcadas por administrações duvidosas e sem uma lei de probidade pública eficaz para manutenção das mesmas. O campo ético e deontológica nos cuidados da *res pública* leva até hoje um total desconhecimento sobre as causas, mas os efeitos estão vigentes até a

---

sejam susceptiveis de "comprometer" o exercício de funções com a "lisura" requerida. Impõe ainda a lei a declaração de "direitos, rendimentos, títulos, ações ou qualquer outra espécie de bens e valores", dentro ou fora de Angola.

Quanto à moldura penal definida para os distintos patamares da improbidade administrativa, do Artigo 38º até ao 41º é feito o alinhamento das punições, com destaque para os dois a oito anos de prisão maior para o responsável que, tendo esse poder sobre as forças públicas, as utilizar para "impedir a execução de alguma lei, mandado regular de justiça ou de ordem de autoridade pública".

atualidade, onde milhares de trabalhadores perderam os seus empregos e muitos não receberam qualquer apoio da lei laboral e as dívidas alargadas com valores muito alto quase inviável para o Estado assumir a massa falida.

Apesar de alguns paises terem abandonado o rodízio de firmas em auditoria, Angola, nesta fase atual, não levaria ao sucesso tais práticas, ou seja, o rodízio de firmas. O que contribuiria para evitar ações de falência tanto no setor público como no privado seriam as auditorias independentes com empresas especializadas na área. As dificuldades plenas do capitalismo tem recepcionado as boas empresas que prezam pela ética e a deontologia aliada às qualidades de serviços. É justamente desta prática que o mercado angolano tem necessidade para reforçar a competitividade das empresas tanto a nivel da África como no mundo. As experiências marcadas pela ausência de auditorias não combinam com o novo modelo do mercado de capitais, onde o lucro está também combinado com a ética, deontologia, moral, confiabilidade e a transparência empresarial.

CONSIDERAÇÕES FINAIS

A ética e a deontologia na auditoria empresarial constituem uma preocupação relevante no campo da gestão de empresas em todo o mundo. A relevância coincide com uma crise cíclica do capitalismo global. Para muitos economistas a crise é profunda e resiste aos mais diferentes programas de recuperação do processo produtivo nas diferentes áreas da economia do mundo. Neste atual contexto, exige-se cada vez mais prudência e racionalidade nos negócios. A auditoria é uma das formas de proteção, de salvaguarda, de dimensionamento do patrimônio das empresas. Ao gestor ou administrador cabe em todos os níveis assegurar e obter informações que os auxiliem no controle das operações das atividades a que são responsáveis. No mundo muitas empresas ao buscar o lucro sobre qualquer custo tem inviabilizado seus patrimônios empresarias ou seja entraram em falência total.

Para os especialistas o mundo do capital globalizado tem necessidades urgentes de retomar a ética e a deontologia nos vários campos do saber. No campo da ciência contábil e auditorias este fenômeno de retomada do comportamento ético e moral e deontológico do profissional passa a ser um desafio permanente na medida em que o homem pós-moderno é questionado como figura central da falta de credibilidade lastreada no consumismo, além de elementos como: suborno, corrupção, deslealdade, ilicitudes perante as normas e as leis. Quanto a figura do auditor numa organização empresarial, tais atitudes e comportamentos deontológicos podem contribuir para a retomada da ética empresarial.

Sabe-se que ser ético envolve um processo consciente e intuitivo durante toda a vida. Portanto, devemos escolher entre o bem e o mal, entre o justo é o injusto. Seria em tempos de economia global tal posição impossivél de alcançarrmos? Ou a prática da ética nas organizações deve-se privar pela reeducação dos futuros gestores, adminstradores, contabilistas e auditores? Parece-me que a resposta está na própria crise do capitalismo, onde repensar tais praxis é uma necessidade urgente, pois configuram-se na credibilidade do sistema capitalista. No mundo atual ser credível singnifica oportunidades crescentes de negócios. Hoje as empresas devem ter uma postura ética independente, onde tais valores constem em cada trabalhador em todos os setores da empresa. Isto tem que converter-se em patrimônio das organizações, onde contabilistas e auditores são parte central desta confiabilidade, toda vez que for adicionado ao processo.

A conduta pessoal, independência, competência, publicidade, as boas relações com os clientes são parte integrante do exercício da profissão. Permitir a consolidação da ética como instrumento jurídico legal é o parámetro não de controlo dos profissionais, mas de segurança do investidor ou das empresas na sua totalidade.

Ao longo do nosso trabalho, percebemos que na sua maioria os países possuem Códigos de Ética e Deontologia para os Auditores e Contabilistas e os mesmos podem responder tanto no civil como no criminal por negligências na profissão. O que resultou tais preocupações foram os grandes escandalos financeiros ocorridos no século passado em quase todo o mundo. Por um lado, isto foi o fator determinante para a construção de normas gerais da auditoria traduzida na confiabilidade, na responsabilidade legal dos auditores, após várias tentativas para credibilidade, onde até mesmo o rodízio de firmas entrou em declínio. Para países em desenvolvimento, como Angola, caberia uma necessidade urgente de revisão das normas gerais compactuadas com a nossa realidade empresarial. As normas até existem, mas não forma a tempo para evitar a falência de muitas empresas por ausência de uma auditoria credível. Os novos tempos da economia e o desenvolvimento das instituições exigem imediatamente uma nova discussão neste sentido, pois Angola já possiu mercado de capitais. Quem investiria sem ter credibilidade, auditorias independentes e autónomas. Daí a necessidade da retomada da ética e a deontologia nas auditorias empresariais.

RECOMENDAÇÕES

1) No campo da formação profissional, reforço na Grade Curricular sobre Ética e Deontologia durante o Curso de Contabilidade e Auditoria;

2) Constituir um Código de Ética e Deontológico lastreada nas realidades nacionais sem ausentar-se das concepções internacionais;

3) Reforço do setor público e privado no conhecimento do papel das auditorias como forma de credibilidade das instituições;

4) Construir de forma alargado uma Associação de Auditores independentes para o reforço da categoria.

BIBLIOGRAFIA

ACADEMIA DAS CIÊNCIAS DE LISBOA. *Dicionário da Língua Portuguesa Contemporânea*. Ed. Verbo, 2001.

BOTELHO, Eduardo, Disponível em: http://www.equifax.com.br/ Acessado em 22/01/2012.

CARDOZO, Júlio Sérgio. Relatórios e pareceres de auditoria, São Paulo: Editora ATLAS. 1987, pg. 13.

CHEW Ng. Rotation of Auditors: History and Recent Developments. School of Accouting, Banking & Finance.Logan Campus. Griffith University Drive, Meadowbrook, Austrália 4131. 2003. Disponível em <http://www.unisi.it/>. Acesso em 20 abril. 2012.

DIÁRIO DA REPÚBLICA I Série Número 57-Lei 15/03 de 22 de Julho de 2003. Lei de Defesa do Consumidor.

DIÁRIO DA REPÚBLICA I Série Número 57-Lei 3/10 de 29 de Março de 2010. Lei da Probidade Pública.

COSTA, Baptista Carlos. Auditoria Financeira-Teoria e Prática. 8 Edição. Editora Rei dos Livros. Lisboa, 2007.

DENNY, Ercílio A. Ética e sociedade. Capivari: Opinião, 2001.

KANT, Immanuel. Crítica da Razão Prática. São Paulo: Martim Claret, 2004, p. 12.

FRIEDRICH, John e FERREL, Linda. Ética Empresarial: Dilemas, tomadas de decisões e casos. 4. Ed. Rio de Janeiro: Reichmann & Affonso Editores, 2000.

LAS CASAS, Bartolomeu. A Destruição do Paraíso. 10. Ed. São Paulo: Saraiva, 2002.

LISBOA, Lazaro Plácido. Ética Geral e Profissional em Contabilidade. São Paulo: Atlas, 1997.

REVISTA ESTRATÉGIA. Instituto de Estudos Superiores de la Empesa, IESE.In Domènec Melé. Razões para recuperar a ética nas empresas. p. 50. Fevereiro de 2010.

SÁ, António Lopes. Ética profissional. 4. Ed. Revista e ampliada. São Paulo: Atlas, 2001.

SANDRONI, Paulo. Novíssimo Dicionário de Economia. In Introdução economia. Files. Worpress.com. Acesso em 28 /06/2012.

MARQUES, Vicente António. Código Civil Angolano. Editora Texto. Luanda, 2005.

MOREIRA, Joaquim Manhães. A Ética Empresarial no Brasil. São Paulo. Pioneira, 1999.

NASH, Laura. Ética nas Empresas: boas intenções a parte. São Paulo: Makron Books, 2001.

SOBRE OS AUTORES

 Valêncio Manoel nasceu em Jussará no Estado do Paraná em 1962 é Brasileiro na parte materna e paterna, mas abraçou Angola como pátria. Licenciou – se em Direito, Geografia e Pedagogia.

Foi na Pontifícia Universidade Católica de São Paulo, através do Núcleo de trabalhos Comunitários que a sua afrodescendência despertou. Em 1995 chega em Angola como Voluntário das Nações Unidas para trabalhar em Benguela no Projecto de Reabilitação Urbana e Ambiental de Lobito, Benguela e Catumbela. Em 1999, tornou – se Mestre em Economia pela Pontifícia Universidade Católica de São Paulo. Em 2006, foi bolsista da CAPES na Universidade de Lisboa. Em 2008, doutorou – se em Ciências Sociais pela mesma universidade católica. Em Angola trabalhou no PNUD como UNV/UNDP, foi professor colaborador da Universidade de Belas, Universidade Gregório Semedo. Actualmente é professor auxiliar na Faculdade de Economia, e dos mestrados em Economia, Ciências do Mar e Zonas Costeiras, Ciências Jurídicas e Economicas do Centro de Pesquisa em Políticas Públicas e Governação Local ambos da Universidade Agostinho Neto.

Francisco Ngueve nasceu no Município de Cacuaco na Provincia de Luanda em 1982. Licenciou – se em Contabilidade e Auditoria na Faculdade de Economia da Universidade Agostinho Neto.

É Técnico e responsável no Instituto Nacional de Segurança Social desde 2004, fez superações pelo INAD em parceria com a Pontifícia Universidade Católica de São Paulo, os Cursos de Gestão da Segurança Social, Inspecção e Fiscalização da Segurança Social.